BEI GRIN MACHT SICH IHR WISSEN BEZAHLT

- Wir veröffentlichen Ihre Hausarbeit,
  Bachelor- und Masterarbeit

- Ihr eigenes eBook und Buch -
  weltweit in allen wichtigen Shops

- Verdienen Sie an jedem Verkauf

Jetzt bei www.GRIN.com hochladen
und kostenlos publizieren

Bibliografische Information der Deutschen Nationalbibliothek:

Die Deutsche Bibliothek verzeichnet diese Publikation in der Deutschen National-
bibliografie; detaillierte bibliografische Daten sind im Internet über http://dnb.d-
nb.de/ abrufbar.

Impressum:

Copyright © 2003 GRIN Verlag, Open Publishing GmbH
Druck und Bindung: Books on Demand GmbH, Norderstedt Germany
ISBN: 9783640127993

Dieses Buch bei GRIN:

http://www.grin.com/de/e-book/27533/institution-familie-die-familie-das-reich-der-
frau

Yvonne Rudolph, Nina Rudolph

"Institution Familie": Die Familie - "das Reich der Frau?"

Eine Darstellung des Aufsatzes von Brück/Kahlert/Krüll et al. In: "Feministische Soziologie. Eine Einführung"

GRIN Verlag

GRIN - Your knowledge has value

Der GRIN Verlag publiziert seit 1998 wissenschaftliche Arbeiten von Studenten, Hochschullehrern und anderen Akademikern als eBook und gedrucktes Buch. Die Verlagswebsite www.grin.com ist die ideale Plattform zur Veröffentlichung von Hausarbeiten, Abschlussarbeiten, wissenschaftlichen Aufsätzen, Dissertationen und Fachbüchern.

Besuchen Sie uns im Internet:

http://www.grin.com/

http://www.facebook.com/grincom

http://www.twitter.com/grin_com

Universität:	Johann Wolfgang Goethe-Universität am Main
Fachbereich:	Gesellschaftswissenschaften / Soziologie / GS

„Institution Familie"

Text: „Die Familie – das »Reich der Frau«?"

von

Brück, Brigitte / Kahlert, Heike / Krüll, Marianne / Milz, Helga / Osterland, Astrid / Wegehaupt-Schneider (1997):

In

Feministische Soziologie. Eine Einführung

Yvonne Manske

Inhaltsverzeichnis

1.0 Einleitung

In der vorliegenden Ausarbeitung des Referats zum Thema „Die Familie – das »Reich der Frau«?"[3] erfolgt zunächst eine chronologische, inhaltliche Zusammenfassung des Textes. Der letzte Abschnitt des 5. Kapitels "Ausblick: zukünftige Aufgaben einer feministischen Familiensoziologie" wird allerdings zur Definition der feministischen Soziologie herangezogen und am Ende des ersten Abschnittes angefügt.

Abschließend soll der Text kritisch hinterfragt und durch Diskussionsergebnisse aus der Tutoriumssitzung vom 28.01.03 ergänzt werden.

2.0 "Die Familie – das »Reich der Frau«?"

2.1 Von der Familiesoziologie hin zur Entwicklung der feministischen Familiensoziologie

Im ersten Abschnitt „die Familie - »das Reich der Frau«?" wird ein grober historischer Überblick über die Familiensoziologie (?)» bis hin zur Entwicklung der feministischen Familiensoziologie gegeben.

Am Anfang steht die Feststellung, dass die frühe Familiensoziologie zwar die Familie untersucht, aber die Frauen in ihren Analysen „unsichtbar gemacht" oder „funktionalisiert"[4] hat.

Dieses, die Frau als Individuum nicht berücksichtigende, Vorgehen zeige sich deutlich in den Anfängen der deutschen Soziologie nach 1945.

---

[3] In: Brück, Brigitte / Kehlert, Heike / Krüll, Marianne/ Milz, Helga / Osterhand, Astrid / Wegehaupt-Schneider, Ingeborg: Feministische Soziologie. Eine Einführung. Frankfurt/New York 1997, S. 135-156.
[4] Ebd., S.135.

„Man suchte damals in der Familie einerseits die Schuld am Aufkommen der Naziherrschaft, andererseits erhoffte man sich von ihr die demokratische Erneuerung der Nachkriegsgesellschaft."[5]

Im Interesse der Familiensoziologie stand im Zusammenhang damit „die Ursachen des Naziterrors in der sogenannten autoritären Familie zu erkennen."[6] Adorno und Horkheimer gingen davon aus, dass Menschen die so einen autoritären Charakter erhielten zu willigen Helfern des Naziregimes wurden. Die Nachkriegssoziologie konzentrierte sich eher auf den Abbau hierarchischer Strukturen zwischen Eltern und Kindern.

Die Veränderung der Geschlechterbeziehungen wurde nicht beachtet.

Familiensoziologen, wie Helmut Schelskey, René König, Gerhard Wurzbacher und Gerhard Baumert plädierten für den Erhalt der traditionellen Geschlechterrollen: „die Frau im Haus, der Mann im Beruf."[7]

Die Aufgabe der Frau war es als „Heimbewahrerin"dem berufstätigen Mann ein erholsames und behagliches Zuhause zu ermöglichen, sowie einen „emotionalen Schutzraum" für die Kinder zu bieten.[8]

Helga Milz (1990) zeigt anhand von Untersuchungen aus den vierzigern und fünfziger Jahren, dass Frauen damals schon eine Verbindung von Familie und Beruf forderten.

In den 60´er Jahren kam es zum Aufbruch der Frauen, der sich im wesentlichen durch ihren vermehrten Drang zur Erwerbstätigkeit zeigte. Elisabeth Pfeil deckte erstmals 1961 in einer umfangreichen Befragung von erwerbstätigen Müttern die, aus der Doppelrolle erwachsenden, Widersprüche und Belastungen als gesellschaftliches Problem auf.

Ursula Lehr gab in einer auf Interviews basierenden Studie zu bedenken, dass erwerbstätige Mütter durch ihr erfüllteres Leben möglicherweise bessere Mütter sind als „Vollzeitmütter".[9]

---

[5] Ebd., S.135 f.
[6] Ebd., S.136.
[7] Ebd
[8] Ebd
[9] Ebd., S.137.

Im Zuge der neuen Frauenbewegung Anfang der 70´er Jahre wurde die patriachal geprägte Familiensoziologie zunehmend schärfer von feministischer Seite kritisiert. Geschichtssoziologinnen wie Ute Gerhard und Ingeborg Weber-Kellermann stellten fest, dass die „Geschichtsschreibung der Familie eine Geschichte ohne Frauen ist."[10]

Die Familiensoziologie erhielt erstmals wichtige Impulse aus der Praxis: die Frauenbewegung machte auf brisante Themen, z.b. Gewalt gegen Frauen in der Familie aufmerksam.

2.2 Definition der Familiensoziologie anhand des Abschnitts „Ausblick: zukünftige Aufgaben einer feministischen Familiensoziologie"

Die feministische Familiensoziologie versteht sich „als offen gelebte parteiliche, Wissenschaft", die, „auch auf der politischen Ebene"[11] nicht nachlässt, d.h. es besteht eine Verbindung zur Frauenbewegung und anderen Initiativen, um die Situation der Frauen konkret zu verbessern.

Feministinnen untersuchen familiensoziologische Arbeiten daraufhin, ob sie die geschlechtsspezifischen Unterschiede berücksichtigen und vor allem die „Lebenswelt von Frauen" nicht ausblenden. Die Geschlechterperspektive soll in der Familiensoziologie verankert werden. Auf Ebene der Theorie werden „biologische und soziobiologistische Erklärungen"[12], die eine Veränderung der Geschlechterverhältnisse blockieren, nicht zugelassen.

Die patriachalen Strukturen in Gesellschaft und Familie sollen verändert werden. Themen, die sich damit befassen, stehen im Mittelpunkt des Forschungsinteresses.

---

[10] Ebd., S.137.
[11] Ebd., S.153.
[12] Ebd.

In den nun folgenden wissenschaftlichen Aufsätzen werden aus feministischer Perspektive familiensoziologische Themen betrachtet, die hier zusammengefasst dargestellt werden sollen.

2.3 „Ehe und Partnerschaft – Balanceakt zwischen alten Leitbildern und neuen Lebensformen"

Ende der sechziger Jahre hat sich die Ehe und das Verständnis für Partnerschaft erheblich gewandelt. Ein umfangreicheres Bildungsangebot für die Frauen führte zu größerer ökonomischer Selbständigkeit und somit wurden Frauen vom Zwang einer Ehe befreit. Zur Folge hatte die sexuelle Revolution „die Enttabuisierung der nicht-ehelichen Sexualität."[13] Dies waren die Anfänge der nicht-ehelichen Lebensgemeinschaft, die heute zu einer selbstverständlichen Lebensform geworden ist. Eine Schätzung, nach einer repräsentativen Statistik der Bevölkerungsentwicklung von 1994, ließ erkennen, dass die Ehe weiterhin die angestrebte Lebensform für die Mehrheit der Menschen in unser Gesellschaft ist. Doch haben sich die Erwartungen an die Ehe enorm geändert. Frauen erwarten, dass ihre Beziehung auf emotionalem Austausch und auf wechselseitigen Verstehen basiert, sowie eine gerechte Aufteilung zwischen den Partnern im Beruf und Haushalt vorherrscht. Dagegen steht die während beständige traditionelle Vorstellung der Männer.

> „Seine Versorgung im Alltag und seine beruflichen Interessen dürfen durch ihre Aktivitäten nicht beeinträchtigt werden."[14]

Oft wird als Grund für den daraus resultierenden Konflikt zwischen den Partnern, eine unzureichende Liebe füreinander angegeben, doch die gesellschaftlichen Hintergründe für den Konflikt, nämlich die unterschiedliche

---

[13] Ebd., S.138.
[14] Ebd., S.140.

Rollenerwartungen von Frauen und Männern werden dabei nicht berücksichtigt.

Die Ideologie der Liebe hat es möglich gemacht, dass Gewalt in Ehen bis in die siebziger Jahre nicht an die Öffentlichkeit traten. Erst Ende der siebziger Jahre mit der Gründung der ersten Frauenhäuser wurde „Gewalt gegen Frauen und Kinder in der Familie endlich als allgemeines Problem anerkannt."[15]

Doch etliche Gründe der Frauen, die geschlagen werden, verhindern eine Trennung vom Mann, wie unter anderem die Angst vor finanzieller Not, moralische Verpflichtungen und die Scham des Aufdeckens.

Zudem wurde sexuelle Gewalt in der Ehe auch 1996 noch nicht juristisch geahndet und somit sind Frauen weiterhin der Gewalt ihrer Ehemänner hilflos ausgeliefert.[16]

2.4 „Kinderwunsch und Wirklichkeit; oder:»Mutter ist an allem schuld« (und nicht der abwesende, abweisende, ver-führende Vater)"

Seit Mitte der 60`er Jahre ist ein kontinuierlicher Geburtenrückgang zu verzeichnen. Ein Hauptgrund besteht darin, dass Frauen zunehmend weniger bereit sind, ihr Dasein durch viele Kinder beeinträchtigen zu lassen. Schichtenübergreifend ist festzustellen, dass die Geburt eines Kindes das Leben der Frau gravierend verändert.[17] Es erfolgt eine Umstrukturierung der Lebensbereiche: Entweder muss die Frau Beruf und Mutterrolle vereinbaren, oder sie bleibt nur Hausfrau und ihr Alltag wird vom Rhythmus des Kindes dominiert. Außerdem geschieht eine Veränderung der Partnerschaft. Der Mann fühlt sich oft vernachlässigt, da die Frau sich mehr dem Kind widmet.

---

[15] Ebd., S.141.
[16] Ebd.
[17] Ebd., S.143.

Die Ehefrau und Mutter steht unter hohem Druck, weil sie Ehemann und Kindern gerecht werden will.

Weitere Schwierigkeiten bereiten eine kinderfeindliche Umwelt und schlechte soziale Bedingungen, wie zum Beispiel zu wenig Kindergartenplätze.

Negativ für die Frau ist auch der häufig eintretende Verlust ihres Selbstwertes. Eine Mutter leistet unbezahlte Arbeit, die gesellschaftlich kaum soziale Anerkennung erntet, da der Mensch in der leistungs- und gewinnorientierten Gesellschaft vor allem nach der Höhe seines Einkommens gemessen wird, das bei der Mutter oft gleich Null beträgt.

Die Väter werden zu >>Feierabend,- >>Sonntags-<< und >>Freizeitvätern<<, die oft mehr idealisiert und von den Kindern geliebt sind, als die >>Alltags-Mutter<<. [18] Das Argument, welches die Benachteiligung der Frau legitimieren soll besteht darin, dass die Frauen aufgrund ihrer Biologie angeblich besser mit Kindern umgehen können als Männer.

Unter der Feministisch-kritischen Perspektive wird festgestellt, dass die Mutterschaft als eine soziale Institution gilt, die durch die biologische Mutterschaft begründet wird und von der Mutter normativ die Liebe zum Kind einfordert. Eine Mutter muss Liebe für ihr Kind empfinden, da die Gesellschaft sie sonst als schlechten Menschen verurteilt. Ebenso wird die Mutter für Probleme und Störungen ihres Kindes verantwortlich gemacht. Wenn sie sich intensiv um ihre Kinder kümmert wird sie als überbeschützend eingestuft. Geht sie ihrem Beruf nach wird ihr Vernachlässigung vorgeworfen. Die hohen Erwartungen und der Druck von allen Seiten führen zu völlig überlasteten Müttern, die ihre eigenen Bedürfnisse zum Wohl der Familie zurückstellen.

Die geteilte Elternschaft ist schwer zu verwirklichen. Gründe hierfür sind, dass Männer selten eine Teilzeitstelle annehmen können und froh sind, dass die Frau ihnen die Aufgaben in Haushalt und Familie abnimmt. Die Männer motivieren ihre Unlust sich um Kinder oder Haushalt zu kümmern mit der

---

[18] Ebd., S. 144.

Ideologie, dass die Mütterlichkeit den Frauen angeboren sein soll. Solche Argumente, die auf biologischen Unterschieden beruhen läßt die feministische Kritik nicht gelten.

Seit 1994 wächst die Zahl der alleinerziehenden Mütter. Diese Frauen haben oft finanzielle Probleme, da sie keiner Erwerbstätigkeit nachgehen können, sondern sich um die Kinder kümmern müssen. Oft zahlen die Väter keinen Unterhalt und die Alleinerziehenden leben am Existenzminimum.
Trotz all der Belastungen und Risiken wünscht sich die Mehrzahl der Frauen ein Kind. Abschliessend wird im Text die Notwendigkeit der Verbesserung der Mutterschaftsbedingungen betont, damit der Kinderwunsch den Frauen nicht nur Nachteile bringt.

2.5   „Die zerbrochene Familie – Scheitern und Neubeginn"

Die Änderung des Scheidungsrechts von 1977 bewirkte, dass man ohne Schuldfeststellung nach mindestens einem Jahr Trennung sich auch gegen den Wille n der jeweiligen PartnerInnen scheiden lassen konnte. Das sogenannte Verschuldungsprinzip wurde von dem Zerrüttungsprinzip abgelöst.
Bereits 1994 wurden rund dreimal soviel Eheschließungen, wie Ehescheidungen gezählt. Aus den daraus resultierenden Scheidungen, blieben Frauen häufiger unverheiratet, hingegen entschieden sich Männer ein weiteres Mal zur Eheschließung.
Die Folgen für die Frau sind nach einer Scheidung oftmals erheblicher, als für den Mann. Durch eine sogenannte "Hausfrauenehe" begeben sich die Frauen, nach der Trennung in eine ökonomische Abhängigkeit von ihrem Ex-Mann oder sind auf Sozialhilfe angewiesen.
Weitere Probleme entstehen, wenn Kinder zur Familie gehören. In den meisten Fällen erhalten immer noch Frauen das Sorgerecht für die Kinder,

doch wird vor allem von Männern das gemeinsame Sorgerecht für die Kinder gefordert. Dabei wird die typische geschlechtsspezifische Rollenverteilung ganz außer Acht gelassen. Denn wird das Sorgerecht dem Vater zu gesprochen, kümmert sich in den meisten Fällen eine Kinderfrau oder die neue Partnerin um die Kinder.

> "Die neuen Rechte der neuen Väter können dann diskutiert werden, wenn Väter sich aus ihrer primären Berufsorientierung und der Spiel-und Freizeitbeschäftigung mit Kindern gelöst und sich ihre Vaterschaft erarbeitet haben."[19]

2.6 „Mehrgenerationen-Beziehungen- die Familie der Alten- die Frau im Alter"

Im ersten Absatz wird die These aufgestellt, dass besonders die Töchter den Kontakt zu Eltern und Schwiegereltern aufrecht erhalten und deren Pflege im Alter übernehmen. Söhne sind weniger bereit dazu. Während man von guten Töchtern erwartet die Eltern zu pflegen, ist es bei Söhnen selbstverständlich, dass sie arbeiten müssen und deshalb keine Zeit dafür haben. Das Betreuen der Alten ist eine Leistung, der oft gegenseitige Hilfe vorangeht. Normalerweise sind auch die Großeltern bereit ihre Kinder zu entlasten, indem sie sich bei Bedarf um die Enkelkinder kümmern.

Es erfolgt eine Prognose, die besagt, dass die veränderte Rolle der Frau auch ihr Alt-Sein beeinflussen wird. Man muss damit rechnen, dass ein Teil der Großmütter ihre individuelle Freiheit und Unabhängigkeit aufrechterhalten will und nicht bereit ist sich lebenslang für Kinder und Kindeskinder einzusetzen. Gleichzeitig kann man vermuten, dass bei den Frauen mittleren Alters die Pflegebereitschaft sinken wird, während eine Verbesserung der öffentlichen Altersversorgung nicht zu erwarten ist.

---

[19] Ebd., S.148

Auch die Verwitwung ist ein typisches Frauenphänomen, da Frauen eine sechs Jahre höhere Lebenserwartung als Männer haben. Als Witwen und im Alter stehen sie vor finanziellen Problemen, die auf Männer in der gleichen Situation weniger zutreffen.

Zur psychischen Verfassung der Frauen im Alter wird angeführt, dass sie zwar älter werden, als Männer, aber daher auch mehr Probleme mit dem Alt-Werden haben, da bei ihnen die Unterbringung in Altenheimen wahrscheinlicher ist. Hinzu kommt, dass im Gegensatz zum Mann, der auch im Alter noch als attraktiv gilt, die alte Frau erotisch uninteressant sein soll, was sich negativ auf ihr Selbstbild auswirkt und die weibliche sexuelle Lust sanktioniert.

2.7 „Die Vielfalt der Familienformen – Chance für jede einzelne und jeden einzelnen und für eine neue Gesellschaft"

Die Vielfalt der neuen Lebensformen, wie das ehefreie Zusammenleben, der Eineiternschaft, der seriellen Verheiratung oder des Alleinlebens, bedeutet insbesondere für die Frauen eine Befreiung aus gesellschaftlichen Zwängen.

Dies sollte durch die Familienpolitik unterstützt und als gleichberechtigte Modelle leitbildhaft anerkannt und durch Gesetzgebung gefördert werden.

Zudem "müssen gesellschaftliche Strukturen geschaffen werden, die Männern ermöglichen, aktiv daran mitzuarbeiten, die patriarchale Familie als Leitbild und Realität zum Verschwinden zu bringen"[20], so dass nicht wie im typischen Fall die Familie für Frauen ein riskantes und zwiespältiges Unterfangen bleibt.

---

[20] Ebd., S.152

9

3.0 Textkritik

In dem Text „Die Familie- das >>Reich der Frau<<?" wird häufig sehr pauschal und subjektiv geurteilt, oder polemisch für eine Seite Partei ergriffen. So zum Beispiel im Kapitel „Kinderwunsch und Wirklichkeit; oder: >>Mutter ist an allem schuld<< (und nicht der abwesende, abweisende, ver-führende Vater)" Im Titel wird also schon der Vater in Klammern gesetzt und man kann feststellen, dass die männliche Perspektive völlig ausgeblendet ist. Von Männern bzw. Ehemännern und Vätern wird meist nur in vorwurfsvollem Ton gesprochen, und ihre Erwähnung erfolgt wenn überhaupt im negativen Sinne.

Davon abgesehen beinhaltet der Text etliche Stellen, die wissenschaftlich nicht haltbar sind. Besonders deutlich wird dies am Ende des Kapitels „Mehrgenerationen-Beziehungen- die Familie der Alten- die Frau im Alter", wenn ohne empirische Beweise ein Zusammenhang zwischen sozialer Kompetenz und Lebenserwartung behauptet wird. Überspitzt heißt es hier, dass Männer, weil sie im Laufe ihres Lebens weniger soziale Fähigkeiten ausgebildet haben, früher sterben müssen. Das Plenum stellte fest, dass es hier keiner weiteren Diskussion bedarf, da die These an sich unhaltbar ist und auf keinerlei Beweisen fußt.

Auffällig ist, dass selten eine differenzierte Darstellung des Sachverhalts oder zusammenhängende Argumentation zustande kommt. Stattdessen werden Daten und Beobachtungen (der Autorin?) aneinandergereiht, die teilweise an den gemütlichen Plauderton von Frauenzeitschriften erinnern, der ehrlicherweise gesagt: ab und zu sehr erfrischend sein kann.

Weitere positive Aspekte des Textes bestehen darin, dass er einen groben, (wenn auch sehr knappen) Überblick zur Geschichte der feministischen Soziologie in Abgrenzung zur traditionellen Familiensoziologie bietet. Es wird über wichtige Themen zu Ehe und Familie und besonders der Rolle der Frau darin, gesprochen, wozu man sich einmal Gedanken gemacht haben sollte.

Zudem macht der Text neugierig, gewisse Begriffe nachzuschlagen und sich weiterführende Informationen zu beschaffen. Der kämpferische Gestus des Textes hängt mit dem Engagement für die Frauenbewegung zusammen. Widersprüchlich erscheint allerdings, das Selbstverständnis der feministischen Soziologie, als einer "parteilichen Wissenschaft", da sich Parteilichkeit und Wissenschaftlichkeit üblicherweise auschließen. Die Relevanz einer feministischen Familiensoziologie erscheint angesichts der Tatsache, dass Frauen noch immer schlechtere Berufschancen als Männer haben. Dies belegt auch der Artikel "Von schlauen Mädchen und schlechten Chancen", welcher ebenfalls aus „Feministische Soziologie. Eine Einführung." stammt.

Eine Verbesserung der Situation der Frau ist spürbar, es soll aber eine Gleichberechtigung geschehen, die, wie der Text belegt, noch längst nicht erreicht ist. Zur Frage, wie in unserer Generation die Familienrollen geprägt sind, zeigte sich, (durch eine Handzeichenmeldung im Tutorium), dass de Mehrheit der Anwesenden eher die klassische Rollenverteilung während ihrer Kindheit erlebt hat: Die Mutter war zu Hause, der Vater im Beruf. Es ist also anzunehmen, dass zwar ein Umdenken stattgefunden hat, welches von der patriachal geprägten Familie wegführt, da auch Männer zunehmend bereit sind sich an Haushalt und Erziehung zu beteiligen, dass aber faktisch die Situation der Frau, als Hausfrau und Mutter, nach wie vor Leitbild in breiten Teilen der Gesellschaft ist.

4.0   Literaturangabe

-   Brück, Brigitte / Kehlert, Heike / Krüll, Marianne/ Milz, Helga / Osterhand, Astrid / Wegehaupt-Schneider, Ingeborg: Feministische Soziologie. Eine Einführung.
    Frankfurt/New York 1997, S. 135-156.

-   www.sowiso-forschung.de
-   www.Frauennews.de
-   www.geocities.com/marbella2de/Pille.htm
-   www.uni-bamberg-de/ifb/mat-pdf/4-99.pdf.

BEI GRIN MACHT SICH IHR WISSEN BEZAHLT

- Wir veröffentlichen Ihre Hausarbeit, Bachelor- und Masterarbeit

- Ihr eigenes eBook und Buch - weltweit in allen wichtigen Shops

- Verdienen Sie an jedem Verkauf

Jetzt bei www.GRIN.com hochladen und kostenlos publizieren